(Par Antoine - Siméon - Gabriel
Coffinières, d'après de Manne.)

OBSERVATIONS

SUR

LE PROJET DE LOI

RELATIF

A LA LIBERTÉ DE LA PRESSE.

IMPRIMERIE DE J. GRATIOT.

OBSERVATIONS

SUR

LE PROJET DE LOI

RELATIF

A LA LIBERTÉ DE LA PRESSE ;

Par M. C..... AVOCAT A LA COUR ROYALE.

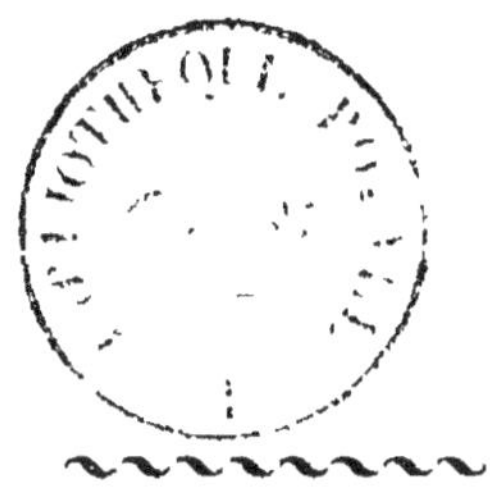

PARIS,

MONGIE AÎNÉ, LIBRAIRE, BOULEVART POISSONNIÈRE, N° 18.

1817.

OBSERVATIONS

SUR

LE PROJET DE LOI

RELATIF

A LA LIBERTÉ DE LA PRESSE.

LA liberté de la presse est l'un des droits les plus précieux que nous garantit la Charte : on peut même le considérer avec raison comme le *palladium* de tous nos droits politiques, puisqu'avec la faculté de publier librement ses pensées les autres droits constitutionnels se trouvent à l'abri de toute atteinte.

Mais les esprits sages sont aussi convaincus qu'il peut se glisser des abus dans l'exercice de ce droit sacré. Protectrice de tous les intérêts publics et privés, entre les mains des amis de l'ordre, la liberté de la presse peut devenir une arme dangereuse entre les mains des malveillans. Le mal se trouve ici à côté du bien, comme dans la plupart des institutions humaines. Il faut donc,

"

à la fois , protéger et réprimer ; donner des garanties aux citoyens pour l'exercice de ce droit sacré , et en offrir d'autres à la société contre les abus qui pourraient en résulter ; en un mot, il faut que le législateur trace une ligne de démarcation bien prononcée, entre la liberté et la licence de la presse.

On a dit, avec raison, que l'homme jouissait de la plus grande liberté compatible avec son existence sociale, dans un gouvernement monarchique constitutionnel ; et la définition qu'on a donnée de cette véritable liberté, à l'époque où on la connaissait le moins , peut convenir parfaitement à la liberté de la presse. En effet, si la liberté politique consiste dans le droit de faire ce qui ne nuit pas à autrui , la liberté de la presse consiste aussi dans le droit de publier tous les écrits qui ne peuvent blesser l'intérêt public ou l'intérêt privé.

Quelquefois l'usage légitime et l'abus se trouvent séparés par une nuance imperceptible , et qu'il est difficile de signaler : mais il ne faut pas gêner l'exercice d'un droit légitime, par cela seul qu'il est possible d'en abuser.

D'ailleurs, la loi , dans tous les actes de la vie ordinaire , laisse à l'homme une entière liberté.

(3)

Son action se borne à le punir lorsqu'il en a abusé pour faire le mal ; et un Code pénal serait inutile, si, par un moyen quelconque, on pouvait enchaîner cette liberté funeste qui donne aux méchans le triste privilége d'offenser la société par des délits ou par des crimes.

L'importance des intérêts contraires qu'il s'agit de concilier rendra toujours bien difficile la rédaction d'une bonne loi sur la liberté de la presse : mais, dans les circonstances particulières où nous nous trouvons ; lorsque, d'un côté, les citoyens sont jaloux de jouir de ces droits précieux que la Charte leur garantit ; lorsque, d'un autre côté, l'Etat a besoin que les passions s'apaisent, que les souvenirs encore récens disparaissent ; qu'on demande, d'une part, que la liberté de la presse soit dégagée de toutes ses entraves ; de l'autre, qu'on nous essaie en quelque sorte à nous servir d'une arme qui peut être si dangereuse ; dans un tel choc d'opinions et de vœux, nous ne craignons pas de le dire, le législateur a besoin de toute sa sagesse, pour se placer dans ce juste milieu qu'indique toujours l'exagération de deux systèmes contraires.

Que l'écrivain puisse livrer à l'impression un ouvrage quelconque, sans examen, sans censure préalable ; voilà la liberté de la presse consacrée : mais qu'il soit puni, s'il offense *d'une manière directe* l'intérêt public ou l'intérêt privé ; voilà l'abus de la presse réprimé, comme le serait celui d'un droit quelconque garanti par la loi.

Mais, dans le cas où la publication d'un ouvrage pourra donner lieu à des poursuites, faudra-t-il les diriger à la fois contre l'auteur et l'imprimeur, quand le premier sera connu et domicilié en France ? Nous ne le pensons pas. En effet, si un imprimeur peut craindre d'être poursuivi plus tard, pour un ouvrage sorti de ses presses, il se refusera à l'imprimer ; et dès lors le droit de publier librement ses pensées deviendra illusoire, car le ministère d'un imprimeur est indispensable pour l'exercice de ce droit.

En second lieu, si le principe de la liberté de la presse est consacré dans toute sa latitude, doit-on exiger, comme sous l'empire de la législation précédente, d'abord la déclaration de l'imprimeur, énonçant le titre de l'ouvrage qu'il se propose de publier ; ensuite le dépôt de quelques exemplaires au ministère de la police, avant la mise en vente de l'ouvrage ?

Cette double formalité a été conservée, *comme par tradition,* depuis qu'elle a été établie par un décret du 5 février 1810 : mais, d'après ce décret, la déclaration de l'imprimeur avait un objet, puisque ce n'était qu'à la suite de cette déclaration, et d'après l'examen de l'ouvrage, que la publication en était permise. Elle lui offrait aussi une garantie, parce qu'elle le mettait à l'abri de toute poursuite, relativement à l'impression de l'ouvrage, pour lequel cette déclaration avait eu lieu.

Aujourd'hui, au contraire, la formalité de la déclaration, et celle du dépôt, ne produisent aucun effet; car il n'existe plus de censure préalable, pour empêcher la publication d'un ouvrage quelconque; et de plus, l'accomplissement de cette double formalité n'offre aucune garantie ni à l'auteur ni à l'imprimeur, puisque, d'après la jurisprudence récemment consacrée, l'un et l'autre peuvent être poursuivis, quoique les deux formalités aient été remplies.

Un des articles du projet de loi présenté aux chambres consacre même à cet égard des principes plus rigoureux, puisque, dans certains cas, l'imprimeur et l'auteur sont passibles de poursuites judiciaires, *par cela seul que l'ouvrage a été déposé au ministère de la police, avant d'être mis en vente.*

Les formalités dont nous venons de parler doivent-elles subsister sous l'empire d'une loi qui consacre en principe la liberté de la presse, sans examen et censure préalables? Peuvent-elles du moins devenir un piège pour celui qui devrait trouver une garantie dans leur observation? Voilà des questions importantes que la chambre aura à examiner, lors de la discussion du nouveau projet de loi.

Enfin, si tous les amis de l'ordre désirent que les délits de la presse, quelquefois si dangereux dans leurs conséquences, ne demeurent pas impunis, ils demandent aussi que dans une matière de cette importance, et qui touche de si près à l'exercice d'un droit constitutionnel, le législateur ne laisse rien à l'arbitraire; que les formes de procéder soient rapides, et que la plus grande latitude soit laissée à la défense; que les délits et les crimes soient aussi caractérisés de la manière la plus précise; que les tribunaux se montrent sévères contre les vrais coupables ; mais que ceux qui se sont trompés de bonne foi soient excusés, parce que l'erreur est toujours excusable.

La liberté de la presse aurait cessé d'exister, si, au moyen d'une procédure concertée, on pouvait indéfiniment retarder la publication d'un ouvrage déféré sans motifs à la poursuite des tribunaux. Elle ne serait non plus qu'un droit illusoire, dont chacun craindrait de faire usage, si, à l'aide d'une interprétation arbitraire, on pouvait rendre criminelles les intentions les plus pures, et voir un ennemi de l'état dans celui qui aurait le courage de signaler quelques abus particuliers.

C'est sous ces divers points de vue que nous avons médité le nouveau projet de loi sur lequel la discussion va s'ouvrir à la chambre des députés. Quelques articles de ce projet nous semblent susceptibles de modifications importantes ; d'autres nous paraissent devoir être rejetés, comme n'étant pas en harmonie avec la nouvelle législation. Toutefois ce n'est qu'une opinion particulière que nous émettons ici ; et si elle n'est pas fondée, nous en faisons d'avance le sacrifice à l'amour du bien public qui nous l'a inspirée.

L'article 1ᵉʳ du projet de loi consacre un principe trop souvent méconnu, sous l'empire de la législation actuelle, un principe sans lequel la liberté de la presse ne peut réellement exister, en décidant — « que l'auteur d'un écrit imprimé, lorsqu'il est connu et domicilié en France, est seul responsable de son contenu. »

En effet, si l'imprimeur peut craindre d'être poursuivi, comme auteur ou complice du délit résultant de la publication d'un ouvrage, il faut qu'il s'en constitue le censeur, à ses risques et périls. Son intérêt personnel le rendra défiant et timide ; il croira reconnaître les caractères de la sédition dans tous les écrits où l'on signalera des abus à réformer, des améliorations à introduire ; et la liberté de la presse ne sera plus dès lors qu'une garantie illusoire, puisque le refus des imprimeurs ôtera, comme on l'a dit, à l'auteur d'un ouvrage utile, tous les moyens de lui donner de la publicité.

Pourquoi donc modifier par une autre disposition du projet le principe tutélaire consacré par l'article 1er ? Pourquoi soumettre, par l'article 6, à la responsabilité, et même à des poursuites correctionnelles ou criminelles, l'imprimeur d'un écrit qui provoquerait directement à des crimes, et même les libraires et tous autres qui vendent et distribuent cet écrit ?

On a dit que le venin d'une provocation directe s'annonçait, de lui-même, aux esprits les moins éclairés. Si, en effet, il devait en être ainsi, dans le sens de l'article 6 ; si, par son titre, un ouvrage se signalait en quelque sorte lui-même, comme provoquant directement à des crimes, l'imprimeur serait inexcusable de donner de la publicité à une production de ce genre.

Mais si les intentions de l'auteur sont cachées ; si le titre déguise le but d'un écrit dangereux ; s'il faut trouver la provocation directe dans quelques phrases , dans quelques mots glissés avec perfidie dans un ouvrage de long cours, quel motif aura-t-on de sévir contre l'imprimeur imprudent ? et ne faudra t-il pas reconnaître alors, avec le ministre qui a présenté le projet de loi , *que l'imprimeur ne peut être juge d'un ouvrage.*

Jusqu'à présent, nos lois sur la répression des écrits séditieux n'ont pas défini la *provocation directe à des crimes.* Cette provocation peut être la conséquence tacite d'un principe subversif de l'ordre établi ; quelquefois le but secret d'une théorie spéculative ; en un mot , elle peut exister ou ne pas exister dans un ouvrage , selon que celui qui le juge a plus ou moins de sagacité , et est plus ou moins accessible à des inquiétudes sur le maintien de l'autorité légitime.

Sous ce rapport, l'article 6 nous semble vicieux dans sa rédaction, en ce qu'il ne précise pas d'une manière assez positive les cas dans lesquels des

poursuites pourront être dirigées contre l'imprimeur ; et, quand il s'agit de la qualification d'un
délit, on ne doit rien laisser à l'arbitraire.

Mais, par cela seul qu'on n'indique pas dans le
projet si la provocation directe à des crimes
doit être le but *apparent et principal* d'un ouvrage, pour donner lieu à la responsabilité d'un
imprimeur, ou s'il suffit de signaler cette provocation dans un passage isolé d'un ouvrage de
long cours, on oblige l'imprimeur à se constituer le
censeur du manuscrit qui lui est présenté ; et l'on
tombe ainsi dans l'inconvénient signalé sous l'empire d'une législation qu'on a senti le besoin de
modifier, avec cette seule différence, que l'imprimeur a pu craindre, sous le règne de cette législa-
lation, de concourir à la publication d'un *ouvrage séditieux ;* tandis qu'il aura désormais à
trembler de voir sortir de ses presses un écrit
contenant des *provocations directes à des crimes.*

Il serait plus convenable de mettre l'imprimeur à couvert de toute responsabililé, sur le
fait de la publication d'un ouvrage quelconque,
lorsqu'il en signale l'auteur, et lorsqu'il a d'ailleurs rempli la double formalité de la déclaration
et du dépôt.

Cette double formalité, si elle est maintenue,

doit présenter quelque avantage à celui qui la remplit ; et quand l'autorité est avertie, d'abord de l'impression d'un ouvrage, ensuite de sa publication prochaine, c'est à elle d'empêcher cette publication si elle le juge nécessaire, pour mettre à couvert de toute responsabilité l'imprimeur qui a fait ainsi, en quelque sorte, un appel à sa sollicitude.

On dira, peut-être, qu'accorder un tel droit aux agens du gouvernement, ce serait détruire par le fait la liberté de la presse. Nous en convenons : mais nous dirons à notre tour, d'abord, que la presse n'est plus libre, si en effet on ne peut imprimer un ouvrage sans remplir la double formalité de la déclaration et du dépôt ; en second lieu, que ces deux formalités sont sans objet, si elles ne donnent pas à l'autorité le moyen d'empêcher la publication d'un ouvrage dangereux.

Ces Observations nous semblent nécessiter la suppression totale ou du moins une rédaction nouvelle de l'article 6 du projet.

L'article 7 porte — « qu'il peut y avoir lieu à la poursuite d'un écrit livré à l'impression dans les deux cas suivans : 1° si la déclaration prescrite par la loi du 4 octobre 1814 n'a pas été faite ; 2° si l'écrit, quoique la déclaration ait été faite, contient une provocation directe à des crimes. »

Cet article semble confondre deux choses bien distinctes : la simple contravention à un règlement qui ne devrait être passible que d'une amende , et un délit qui peut entraîner la peine de l'emprisonnement.

Sans doute, cette dernière disposition se rattache naturellement à une loi qui a pour objet de garantir la liberté de la presse, et de prévenir les abus qui peuvent résulter de l'exercice de ce droit constitutionnel : mais la première appartient évidemment aux règlemens relatifs à la profession des imprimeurs, puisqu'il s'agit d'une formalité qui leur est personnelle, et qui ne peut paralyser le droit que la Charte accorde à tous les Français de publier librement leurs pensées et leurs opinions.

D'ailleurs , on conçoit bien que la loi autorise la poursuite d'un écrit , quand il contient une provocation directe à des crimes, puisque l'objet immédiat de cette poursuite est d'empêcher la publicité d'un ouvrage dangereux. Mais pourquoi autoriser la poursuite d'un écrit, quand l'auteur ne peut être passible d'une peine quelconque, quand l'ouvrage n'offre lui-même rien de contraire aux mœurs et aux lois, et qu'il ne s'agit que d'une simple contravention, de la part d'un imprimeur? Poursuivre l'écrit, dans ce cas, c'est rendre, par le fait, l'auteur responsable de l'omission d'une formalité imposée à un tiers ; c'est entraver la liberté de la presse sans aucun motif d'intérêt public.

L'art. 8 donne lieu à des observations bien plus importantes. « Hors ces deux cas, porte cet article, nul ne peut être poursuivi pour un écrit imprimé, qu'autant qu'il y a eu publication de cet écrit.

.. « Sont considerés comme publication, soit la distribution de tout ou partie de l'écrit, *soit le dépôt qui en est fait* en exécution de l'article 14 de la loi du 21 octobre 1814. »

Ainsi, d'après la première disposition de cet article, *sans qu'il y ait eu publication d'un écrit,* il peut y avoir lieu à des poursuites, si cet écrit contient une provocation directe à des crimes. Ce n'est donc plus alors le crime ou le délit, mais le simple projet non suivi d'exécution, qui se trouve puni ; et lorsque, dans les matières ordinaires, la loi pénale laisse, jusqu'au dernier moment, la porte ouverte au repentir, elle s'arme d'une sévérité extraordinaire pour des délits qui ne sont que l'abus ou le mauvais usage d'un droit garanti par la Charte.

On s'accorde à reconnaître que les délits de la presse consistent dans la propagation des doc-trines funestes qui tendent à troubler la tranquillité publique : un ouvrage manuscrit ou imprimé, quelque dangereux qu'il puisse être, ne rend son auteur coupable qu'au moment où il est mis en circulation. Jusqu'alors la pensée a pu être criminelle, mais le crime n'a pas commencé, puisque l'ordre public et l'intérêt privé n'ont encore reçu aucune atteinte : il ne peut y avoir lieu dès lors à l'application d'une peine quelconque ; car la loi ne punit que pour la réparation d'un tort causé à un simple citoyen ou à la société.

Il peut arriver, en effet, qu'après la déclaration d'imprimer, et le dépôt qui doit précéder la mise en vente d'un ouvrage, l'auteur recon-naisse qu'il y a du danger à le publier; et qu'éclairé sur le danger qui pourrait en résulter, il soit sur le point de faire à l'intérêt public le sacrifice qu'il commande. Cependant on viendra saisir l'ouvrage chez l'imprimeur, lorsqu'il n'était pas mis en cir-culation, quand il ne pouvait y être encore; et celui qui peut-être allait s'arrêter quand il n'était pas encore coupable, sera puni comme si le délit eût été consommé par la publication de l'écrit dangereux.

Dans plusieurs causes récemment jugées par la cour royale de Paris, on a établi, particulièrement à l'égard de l'imprimeur, que le dépôt d'un ouvrage, au ministère de la police, ayant pour objet d'obtenir la permission de le mettre en vente, on ne pouvait supposer une intention criminelle à celui qui effectuait un tel dépôt; et en effet, lorsqu'on se propose de commettre un délit ou un crime, on ne va pas ainsi se dénoncer en quelque sorte soi-même à l'autorité.

On tirait de là cette conséquence, qu'après l'accomplissement d'une telle formalité l'imprimeur ne devait être passible d'aucune poursuite; et nous venons d'émettre nous même cette opinion, dans nos observations sur l'article 6 du projet.

Toutefois, l'article 8 consacre un principe encore plus rigoureux que la législation précédente : sous l'empire de cette législation l'imprimeur et l'auteur d'un écrit séditieux pouvaient être déclarés coupables, quoique les deux *formalités de la déclaration et du dépôt eussent été remplies ;* d'après l'article 8 du nouveau projet, ils le deviennent *par cela même que la dernière de ces formalités a été remplie.*

On se plaignait alors, avec raison, de ce que l'imprimeur n'avait aucun avantage à observer la formalité que la loi lui impose : mais, aujourd'hui, on pourra ajouter qu'il se compromet en remplissant une telle formalité ; car, en mettant clandestinement en circulation quelques exemplaires d'un ouvrage de nature à provoquer des poursuites, il espérera que la publication né pourra pas en être aisément constatée ; et il se gardera bien d'effectuer un dépôt qui deviendrait seul une sorte de preuve légale de la publication.

En attachant ainsi, dans certains cas, une peine à l'accomplissement même de la formalité qu'il prescrit, le projet invite en quelque sorte les imprimeurs à l'enfreindre ; et dès lors le but du législateur n'est pas rempli. C'est par leur propre intérêt qu'on oblige toujours les citoyens à faire ce que la loi exige : qu'ils soient à l'abri de tout reproche quand ils ont fait ce qu'elle leur commande ; qu'ils soient punis quand ils font ce qu'elle défend, ou se refusent à faire ce qu'elle ordonne ; voilà un principe invariable en matière de législation ; et il nous semble qu'on s'en est écarté dans la disposition du projet, qui considère comme une publication suffisante, pouvant donner lieu à des poursuites contre l'auteur et l'imprimeur, le dépôt fait en exécution de la loi du 21 octobre 1814.

L'article 9 est ainsi conçu : « lorsqu'un écrit imprimé aura été saisi, en vertu de l'art. 15, du titre 2 de la loi du 21 octobre 1814, l'ordre de saisie, et le procès-verbal, seront, *sous peine de nullité*, notifiés dans les vingt-quatre heures à la partie sur laquelle la saisie aura été faite, et transmis dans le même délai, par le procureur du roi, au juge d'instruction, avec un exemplaire dudit écrit. »

En cherchant, dans l'article cité de la loi du 21 octobre, les cas dans lesquels la saisie peut avoir lieu, on voit que c'est, 1° si l'imprimeur ne représente pas le récépissé de la déclaration et du dépôt; 2° si chaque exemplaire ne porte pas le vrai nom et la vraie demeure de l'imprimeur; 3° si l'ouvrage est déféré aux tribunaux, pour son contenu.

Ce rapprochement donne lieu à plusieurs observations.

Et d'abord, nous pourrions répéter ce que nous avons dit, au sujet de l'article 7, que l'omission d'une simple formalité imposée à l'imprimeur (formalité qui pouvait être encore rigoureusement exigée sous l'empire de la loi du 21 octobre 1814, puisqu'elle maintenait la censure préalable pour les ouvrages composés de moins de vingt feuilles d'impression) ne devrait pas donner lieu à la saisie de l'ouvrage, qui est une véritable peine imposée à l'auteur; tandis que l'imprimeur lui-même, dans ce cas, était seul puni, d'après l'article 16 de la loi du 21 octobre.

La même observation s'applique aussi au second cas, pour lequel l'article 15 de cette dernière loi autorise la saisie de l'ouvrage; car, d'après l'article 17, il y a lieu, seulement à prononcer contre l'imprimeur une amende de trois ou six mille francs, pour défaut d'indication, ou fausse indication de ses nom et demeure.

Ainsi, la saisie de l'ouvrage ne devrait pas avoir lieu, soit parce que l'imprimeur n'a pas rempli la double formalité de la déclaration et du dépôt, soit parce qu'il n'a pas indiqué son vrai nom et sa vraie demeure.

En second lieu, la saisie est encore autorisée par l'article 9 du nouveau projet, combiné avec l'article 15 de la loi du 21 octobre, si *l'ouvrage est déféré aux tribunaux.*

Sans doute, dans ce cas, la saisie doit avoir lieu, comme étant l'accessoire de la poursuite qui va être dirigée contre l'auteur, et pour mettre sous la main de la justice tous les exemplaires d'un ouvrage dont la publication serait jugée dangereuse.

Mais cette disposition n'aurait-elle pas besoin d'être expliquée? Pourquoi ne pas préciser les cas dans lesquels un ouvrage pourra être *légalement* déféré aux tribunaux? Pourquoi ne pas accorder une garantie quelconque à l'auteur, contre l'agent de l'autorité qui aurait mal à propos déféré à la justice un ouvrage dont la publication ne présentait aucun inconvénient?

Il arrivera, il pourra arriver du moins, que l'amour propre offensé prenne le prétexte de l'intérêt public, pour empêcher ou retarder la publication d'un ouvrage qui contiendrait des vérités utiles; l'auteur aura souffert un grand préjudice, par le seul retard de la publication; et ce préjudice sera irréparable, si l'agent du gouvernement est affranchi de toute responsabilité.

La liberté de la presse est un droit constitutionnel, comme la liberté individuelle : l'un et l'autre doivent donc être assurés aux citoyens avec les mêmes garanties ; et de même qu'un fonctionnaire judiciaire ou administratif se rend coupable de forfaiture, s'il porte atteinte au premier de ces droits, hors des cas que la loi a prévus; de même, il importe d'élever une barrière entre l'abus du pouvoir, et le droit de publier librement ses pensées.

L'article 9 fixe des délais extrêmement rapides, soit pour la notification du procès-verbal de saisie, soit pour la communication de ce procès-verbal au procureur du roi; et il attache même la peine de nullité à l'inobservation de ces délais dans l'accomplissement des formalités qu'il prescrit.

Mais l'article 21 veut qu'en matière de crimes ou de délits l'annulation du procès-verbal de saisie, pour vice de forme, ne soit, dans aucun cas, un obstacle à la continuation des poursuites et au jugement contre l'ouvrage et l'auteur....

Que conclure du rapprochement de ces deux articles?

D'un côté, si la poursuite contre l'ouvrage suppose qu'il doit rester encore sous la main de la justice, après l'annulation de la saisie, il faut en conclure que cette annulation est illusoire, et qu'on pourra impunément enfreindre toutes les règles tracées par le législateur, pour accélérer la marche de la procédure.

D'un autre côté, si l'ouvrage est livré à la cir-

culation , tandis que les poursuites seront conti-
nuées contre l'auteur, il en résultera cette conséquence étrange, que la justice contribuera en
quelque sorte à la consommation du délit ou du
crime pour lequel l'auteur sera puni.

Peut-être conviendrait-il de laisser un peu plus
de latitude au ministère public , pour l'instruction des affaires de ce genre; mais alors il faudrait aussi consacrer franchement en principe,
que l'omission d'une formalité prescrite à peine
de nullité entraîne, de droit, l'extinction de toute
poursuite, soit contre l'ouvrage, soit contre
l'auteur.

Les articles 11 et 12 du projet règlent la marche de la procédure sur le procès-verbal de saisie.

Aux termes du premier de ces articles, — « le
juge d'instruction est tenu de faire , dans la hui-
taine de la réception du procès-verbal de saisie,
son rapport à la chambre du conseil. »

« Si la chambre est d'avis qu'il n'y a pas lieu
à poursuivre, dit l'article suivant, elle prononce
la mainlevée de la saisie , et la mise en liberté du
prévenu, s'il est arrêté.

« Dans le cas contraire, elle ordonne, suivant
la gravité des faits, le renvoi de l'affaire au tribunal de police correctionnelle , ou l'envoi des

pièces au procureur général près la cour royale. »

Ainsi, ces premiers actes d'instruction ont lieu en l'absence du prévenu, qui se trouve dans l'impossibilité de présenter ses moyens.

Dira-t-on que cette manière de procéder est consacrée dans toutes les matières criminelles ? nous répondrons que, dans ces sortes de matières, l'ordonnance de la chambre du conseil ne juge rien ; qu'elle se borne seulement à examiner s'il existe dans les premiers actes de la procédure, des élémens de prévention suffisans pour diriger contre l'accusé des poursuites ultérieures.

Mais ici la chambre du conseil rend une décision définitive sur deux droits également sacrés, celui de la propriété, et celui de la liberté de la presse, puisque l'un et l'autre se trouvent à la fois paralysés, quand la saisie de l'ouvrage est maintenue.

Il serait peut-être plus convenable, s'il doit exister deux décisions, l'une sur la saisie de l'ouvrage, l'autre sur les poursuites dirigées contre l'auteur, que la première fût, comme la seconde, rendue après une défense contradictoire. Ainsi, l'on respecterait ce principe tutélaire, qui veut que nul ne puisse être condamné sans être entendu ; et l'on éviterait peut-être aussi plus d'une fois les désagrémens d'une nouvelle procédure , parce que les explications données par l'auteur pourraient motiver la mainlevée de la saisie et la cessation de toute poursuite.

D'ailleurs , plusieurs articles précédens supposent qu'il peut se glisser des nullités dans le procès-verbal de saisie, ou dans les actes qui l'accompagnent ; et il semble convenable, sous ce nouveau rapport, que l'auteur soit entendu, pour faire valoir ses moyens de nullité.

Quoique la procédure tracée à cet égard par la loi du 28 février dernier fût incomplète , elle offrait cependant plus de garanties au prévenu. En effet , elle lui accordait *la voie de l'opposition à la saisie*, sur la notification qui lui en était faite : cette opposition pouvait être motivée ; et dès lors, quoique le prévenu ne fût pas entendu en personne, la chambre du conseil pouvait connaître et apprécier les moyens de nullité qu'il avait à présenter contre la saisie.

Ce n'était même que dans le cas où une opposition était ainsi formée, que la chambre du conseil avait à s'occuper de la validité de la saisie ; car, en ne l'attaquant pas, le prévenu reconnaissait

tacitement qu'il y avait été procédé d'une manière régulière.

Aujourd'hui, on ne voit plus quel est l'objet
de la notification du procès-verbal de saisie, puisque le projet de loi n'accorde pas à l'auteur de
l'ouvrage le droit d'y former opposition; on ne
voit pas davantage pourquoi l'article 9 de ce projet admet qu'il y aura des nullités dans les actes
qui se rattachent à la saisie, puisque la partie
intéressée ne peut se présenter à la chambre du
conseil pour exciper de ces moyens de nullité; on
ne voit pas, enfin, pourquoi un premier jugement
est nécessaire pour maintenir une saisie que
personne n'attaque, que personne ne peut atta-
quer.

Il nous semble qu'une double épreuve est ici
inutile; et que, puisque la chambre du conseil
doit, en quelque sorte, juger l'ouvrage, pour
maintenir la saisie et renvoyer l'auteur devant le
tribunal compétent pour le juger, on accélérerait
la marche de la procédure, en assignant directement à l'audience, où l'on prononcerait à la fois
sur le sort de l'ouvrage et de l'auteur : mais il
faudrait pour cela que les crimes et les délits de
la presse fussent bien caractérisés, afin que la con-
pétence des tribunaux correctionnels et des cours

d'assises se trouvât naturellement fixée, sans instruction préalable (1).

L'article 22 du projet ouvre — « à toutes personnes qui se prétendent lésées par abus de la presse, la voie de la plainte devant le procureur du roi ou le juge d'instruction. »

Cet article paraît inutile ici, parce qu'il ne fait que confirmer les dispositions du Code pénal sur la calomnie.

En effet, un citoyen ne peut être lésé par abus de la presse, que parce qu'on lui impute des faits faux, ou non légalement prouvés, qui, s'ils étaient vrais, l'exposeraient à des poursuites judiciaires, ou à la haine et au mépris des citoyens.

La publicité d'une imputation de ce genre, par des paroles ou des écrits, est précisément ce qui constitue la calomnie, d'après l'article 367 du Code pénal; et comme les articles suivans du même Code déterminent les peines applicables

______

(1) Pourquoi d'ailleurs établir deux tribunaux différens, pour connaître des délits ou des crimes de la presse ? L'accusé devrait jouir, dans tous les cas, de la faveur d'être jugé par un jury; et, d'après le projet de loi, il y aura toujours moins de chances d'acquittement pour lui, quand il sera prévenu d'un délit, que lorsque l'accusation portera sur un crime.

à ce genre de délit, et que le projet ne consacre aucune disposition nouvelle à cet égard, l'article 22 semble n'être ici d'aucune utilité.

Si l'on pensait, toutefois, que la publication d'un ouvrage qui ne contiendrait aucune calomnie, peut causer à des tiers un préjudice d'une autre nature, la disposition de l'article cité n'en serait pas moins sans objet, puisque la partie lésée pourrait invoquer dans ce cas l'art. 1382 du Code civil, qui oblige celui par le fait duquel un dommage a été causé, à le réparer.

Ajoutons que, pour ce cas particulier, la marche indiquée par l'article 22 du projet n'est pas celle qu'il conviendrait de suivre ; car, si le fait qui occasione le dommage n'est pas classé par la loi au nombre des délits, c'est devant les tribunaux civils, et non par la voie de la plainte, qu'il faut en poursuivre la réparation.

Ainsi, l'article dont il s'agit nous semble devoir être supprimé, soit parce qu'il n'accorde pas un droit nouveau à celui qui se trouve offensé dans son honneur par la publication d'un écrit, soit parce qu'il n'indique pas la véritable marche à suivre, par celui qui n'aurait à obtenir qu'une simple réparation civile, en raison d'un dommage qu'il aurait souffert.

D'après l'article 25 , « l'action publique, pour l'abus de la liberté de la presse, est prescrite *après un an révolu, à compter du jour où le dépôt de l'écrit imprimé a été fait* en exécution de l'article 14 de la loi du 21 octobre 1814. L'action publique , s'il n'y a pas eu de dépôt, et dans tous les cas l'action civile , ne se prescrivent qu'après le temps fixé par le Code d'instruction criminelle. »

La seconde disposition de l'article , en ce qui concerne l'action publique , ne peut donner lieu à aucune observation. Quand le dépôt de l'ouvrage n'a pas été effectué, on doit présumer, avec raison , que l'auteur a voulu échapper à la surveillance de l'autorité ; et il est juste, dès lors, que les poursuites auxquelles la publication de son ouvrage peut donner lieu , ne se prescrivent que par le laps de temps nécessaire pour opérer la prescription des autres crimes ou délits.

Peut-être serait-il convenable d'abréger la durée de cette prescription , à l'égard de la partie civile qui se prétend lésée par la publication d'un ouvrage déposé conformément à la loi du 21 octobre, et dont la mise en circulation n'a été dès lors accompagnée d'aucune sorte de clandestinité. Accorder trois ans ou dix ans à la partie civile (suivant qu'elle impute à l'auteur un délit ou un crime), c'est ouvrir à cette partie, moins une action légale, qu'une sorte de récrimination ; car les atteintes portées à l'honneur sont du nombre de celles dont la réparation doit être prompte pour être entière. D'ailleurs, il devient difficile d'apprécier la moralité de l'ouvrage et les intentions de l'auteur, quand on se trouve à une époque trop éloignée de la publication.

Mais la disposition de l'article qui nous semble surtout susceptible d'être modifiée est celle qui accorde à la partie publique, pour la poursuite des délits de la presse, *un an après le dépôt de l'ouvrage.*

Comme nous l'avons observé, il est déjà assez rigoureux que l'accomplissement d'une telle formalité ne soit pas un obstacle aux poursuites du ministère public ; et ce serait user d'un droit excesif, que de lui accorder encore une action, quand il s'est écoulé, postérieurement au dépôt, un délai suffisant pour qu'on ait pu juger de l'impression qu'un ouvrage a produite sur l'opinion publique.

Dans les crimes et délits ordinaires, la prescription ne doit être admise qu'après un laps de temps assez considérable ; et s'il en était autrement, l'atteinte portée à la société serait presque toujours impunie, à cause des précautions qu'on prend d'ordinaire pour cacher à la justice et le crime et le coupable.

Mais ici rien n'est caché : la déclaration de l'imprimeur a d'abord fait connaître l'auteur de l'ouvrage qu'il va publier ; bientôt l'ouvrage lui-même est mis sous les yeux de l'autorité. Le crime ou le délit, s'il en existe, est commis dès cet instant même ; il ne s'agit plus, en quelque sorte, que de le juger ; et de même que les magistrats ne pourraient différer d'une année entière la mise en jugement du malheureux qui viendrait se livrer à eux, comme coupable d'un délit ou d'un crime, de même la partie publique ne peut prolonger ainsi son inaction, quand elle a entre les mains et le prévenu lui-même et le corps matériel du délit.

Accorder un délai aussi considérable au ministère public, pour diriger ses poursuites, ce serait laisser à un ouvrage dangereux le temps de se propager impunément ; ce serait déployer une rigueur désormais inutile à la société, quand le mal qui peut résulter de la publication d'un écrit coupable est déjà consommé ; tandis que l'objet des lois répressives des délits de ce genre est moins de punir l'auteur, que de garantir le public de la contagion des doctrines funestes qu'il veut propager.

Nous pensons qu'il conviendrait de réduire à un mois après le dépôt de l'ouvrage, le délai accordé à la partie publique pour l'exercice de son action.

Enfin, nous arrivons au dernier article du projet, ainsi conçu : « Les journaux et autres ouvrages périodiques qui traitent de matières et nouvelles politiques, ne pourront, jusqu'au 1er janvier 1821, paraître qu'avec l'autorisation du roi. »

Si nous cherchons dans le discours du ministre qui a présenté le projet de loi à la chambre, quelle a été l'intention du gouvernement à l'égard des journaux, nous voyons qu'il n'a voulu modifier ici le principe de la liberté de la presse, que parce que la rapidité avec laquelle des écrits périodiques se répandent rendrait souvent la poursuite des délits de ce genre illusoire et sans effet. Il convenait mieux, dès lors, d'interdire aux journaux la publication de tout ce qui pourrait compromettre les intérêts de l'État, que de punir leurs rédacteurs, après que cette publication aurait eu lieu.

Il y avait un moyen bien simple d'atteindre ce

but ; c'était de maintenir, à l'égard des journaux, la censure avec ses prérogatives et sa responsabilité ; en un mot, de conserver, par exception, et relativement aux écrits de ce genre , les dispositions législatives qui existaient avant que la liberté de la presse eût été consacrée en principe.

Alors, un écrit quelconque ne pouvait être imprimé sans être soumis à une censure préalable; mais aussi quand cette censure avait eu lieu, l'auteur était à l'abri de toute poursuite de la part du ministère public.

Qu'il en soit aujourd'hui de même, à l'égard des journaux; qu'on ne puisse y insérer aucun article, sur des matières politiques, sans l'approbation d'un censeur; mais, d'une autre côté, que cette approbation mette à couvert de toute responsabilité les rédacteurs et les éditeurs des journaux.

Ainsi, en organisant d'une manière légale la censure qui existe de fait à l'égard de plusieurs journaux, ils seront dans l'impuissance de publier aucun article qui puisse blesser le gouvernement, impuissance dont les éditeurs de journaux ne pourront que s'applaudir, puisqu'elle les mettra à couvert de toute mesure arbitraire de suspension ou de suppression.

Le but du législateur est-il rempli par cette disposition si laconique, que les *journaux ne pourront paraître qu'avec l'autorisation du roi?* Non, sans doute; car, une telle autorisation a été donnée aux éditeurs de tous les journaux qui existent aujourd'hui ; et l'effet de cette autorisation n'est pas de leur accorder une liberté dont on peut craindre les dangers : elle n'indique pas non plus la nécessité d'une censure journalière qui affranchisse les éditeurs de toute peine, par cela même qu'elle les empêcherait d'être coupables, ou même imprudens.

En un mot, cette disposition de l'article dernier du projet est incomplète, en ce qu'elle ne fixe, en aucune manière, la législation sur les journaux.

Un journal pourra-t-il être suspendu, sur un ordre ministériel? une suppression irrévocable pourra-t-elle être prononcée aussi de cette manière, sans qu'on apprenne même aux éditeurs quel est leur délit, ou leur crime, sans qu'aucun recours leur soit ouvert contre une décision qui consommera leur ruine?

S'il en est ainsi, les droits d'une foule de citoyens se trouveront livrés à l'arbitraire : on ne parle pas du droit constitutionnel de la liberté de la presse, puisqu'on veut que les journaux ne puissent encore en jouir ; mais de celui d'user, sinon d'une propriété, du moins d'un privilége accordé par le souverain, qu'on n'a pu exercer qu'en s'imposant des obligations, en faisant quelquefois de grands sacrifices, et dont on ne peut conséquemment être dépouillé, sans de justes motifs.

Et, si on n'accorde pas une telle autorité au ministère, quel moyen aura-t-il d'empêcher la publication d'un article dangereux dans les journaux, ou de punir cette publication après qu'elle aura été faite ? Aucun sans doute ; et puisqu'on ne peut voir un brevet d'indépendance dans l'autorisation accordée par le roi aux journaux, il faut les placer franchement en tutelle, jusqu'à ce qu'on les juge dignes de l'émancipation : mais il faut surtout que la censure à laquelle ils seront soumis offre des garanties respectives au Gouvernement et aux éditeurs des journaux ; que, d'un côté, le Gouvernement ait la certitude qu'aucun article sur des matières politiques ne sera inséré sans l'approbation du censeur ; et que, d'un autre côté, les rédacteurs et éditeurs de journaux soient à l'abri de toute inquiétude, après avoir obtenu une telle approbation.

L'article dont nous nous occupons fixe au 1er janvier 1821 l'époque jusqu'à laquelle les journaux ne pourront paraître qu'avec l'autorisation du roi ; de sorte que, pendant trois années encore, les journaux se trouveront soumis à cette censure invisible, qui ne les avertit pas de leurs écarts, et ne s'arme de l'autorité que pour les punir.

Mais pourquoi anticiper de si loin dans l'avenir la suspension de nos droits politiques, même pour un cas particulier ? Notre situation s'améliore chaque jour : les vœux des Français se rallient tous au trône constitutionnel ; déjà on ne sent plus le besoin de dépouiller la justice de ses formes tutélaires ; les cours prévôtales vont disparaître ; et tout semble présager qu'on pourra bientôt discuter avec calme et sans danger sur les matières politiques.

On craint d'être obligé de renouveler successivement, pendant plusieurs sessions, la suspension de la liberté de la presse à l'égard des journaux ; mais nous n'y voyons aucun inconvénient, si la nécessité le commande ; et du moins on aura l'espoir que chaque année pourra amener quelque amélioration dans le budjet de nos droits politiques, comme dans celui de nos finan-

ces. C'est l'un des principaux avantages du gouvernement monarchique constitutionnel , d'en-
tretenir souvent la nation de ses besoins et de
ses droits; et un peuple qui s'impose avec rési-
gnation les plus grands sacrifices pour le souverain et la patrie , sera toujours disposé à les
renouveler, quand on lui prouvera qu'ils sont né-
cessaires.

D'ailleurs , l'article du projet ne dit pas que sa
disposition cessera, *de plein droit,* à l'époque
qu'il indique ; et dès lors qu'on pourra la renouveler , il convient qu'elle ne soit proposée que
pour le cours de la présente session ; puisqu'on
aura à examiner alors, comme en 1821, si elle
doit être rapportée ou maintenue.

Ici se terminent nos observations de détail
sur le projet de loi qui va devenir l'objet d'une
discussion solennelle. Nous avons cru remplir
le devoir d'un bon Français, en indiquant les
améliorations dont ce projet nous a paru susceptible. On a vu d'ailleurs, avec plaisir, que
la loi projetée laissait aux juges la faculté de mo-
dérer les peines, comme dans les délits ordinaires; et que, pour un cas du moins , lorsque
l'accusation pouvait entraîner des peines afflic-

tives ou infamantes, elle offrait à l'accusé l'avantage d'être jugé par ses pairs.

Nous n'avons plus qu'à présenter une observation générale sur l'ensemble de cette loi.

Il est difficile, peut-être même impossible, d'organiser en ce moment un bon système de législation sur la liberté de la presse. Ceux qui placent avant tout les garanties que la charte offre aux citoyens, ne manqueront pas de se récrier sur les entraves apportées à la liberté de la presse, par les formalités qui doivent précéder la publication d'un ouvrage quelconque ; ils feront remarquer aussi que l'accomplissement de ces formalités n'offre aucune espèce de garantie à ceux qui sont obligés de les remplir ; ils se plaindront enfin de ce que l'exercice d'un droit constitutionnel sera toujours accompagné d'inquiétudes et de craintes, puisqu'on pourra être poursuivi plus tard, pour des délits ou des crimes que la loi n'a pas caractérisés.

D'un autre côté, ceux qui s'alarment des fâcheuses conséquences que l'abus de la presse peut entraîner, gémiront de ce que la société doit voir ici consommer des crimes qui peuvent compromettre son existence, avant d'en poursuivre les auteurs ; ils s'affligeront aussi de ce qu'un écrivain imprudent peut se rendre coupable, par le fait, sans aucune intention criminelle ; tandis qu'il aurait consenti, avant la publication de son écrit, de le soumettre à un examen préalable, pour ne pas s'exposer à des poursuites de ce genre.

Il nous semble que, pour concilier ces opinions et ces intérêts contraires, on pourrait, sans porter aucune atteinte à la liberté de la presse, pour ceux qui veulent en jouir avec ses périls, offrir aux écrivains qui se croiront assez libres, quand ils pourront publier des écrits utiles, un moyen de se mettre à l'abri de toute inquiétude.

L'institution d'une commission de *censure volontaire* remplirait ce but. L'auteur et l'imprimeur d'un écrit nouveau ne seraient *jamais obligés* de le soumettre à l'examen de cette commission, et le principe de la liberté de la presse serait ainsi respecté : mais celui qui, n'ayant aucune intention coupable, ne veut qu'exercer avec sécurité un droit constitutionnel, présenterait à cette commission l'ouvrage qu'il se propose de publier, et son approbation le mettrait à couvert de toute poursuite. Ce n'est que dans le cas où la publication de l'ouvrage aurait lieu, malgré l'*avis* de la commission, qui ne pourrait jamais y mettre obstacle , que l'auteur et l'imprimeur seraient soumis aux dispositions répressives des abus de la presse.

Nous n'émettons cette idée qu'avec une sorte d'hésitation , puisqu'elle ne se lie pas au système de la loi proposée : mais peut-être pourrait-elle devenir l'objet d'une addition importante qui compléterait le système de la législation sur cette matière.

Un esprit faux, un enthousiaste, peut faire autant de mal que l'écrivain pervers. Il convient cependant que l'un et l'autre ne soient pas traités avec la même rigueur. L'humanité veut que celui qui ne se rendrait coupable que par imprudence trouve le moyen de s'éclairer ; et le législateur devient une seconde providence, lorsqu'il peut prévenir des délits ou des crimes qu'il aurait plus tard à punir. Voilà des considérations qui peuvent déterminer l'établissement d'une censure volontaire, dans l'intérêt des écrivains eux-mêmes.

Mais cette mesure semble surtout commandée par l'intérêt social , puisqu'elle préviendrait la publication de plus d'un écrit dangereux. C'est toujours une faible réparation accordée à la société, que la punition de l'auteur, quand l'ouvrage a déjà circulé et produit tout le mal qui devait en résulter. Ajoutons que des procès de ce genre obligent souvent les prévenus à la justification des doctrines qu'ils ont propagées, et qu'il faut ainsi tolérer un nouveau scandale, avant de prononcer une peine contre l'auteur imprudent ou coupable.

Ainsi, nous verrions moins d'ouvrages dangereux en circulation; le ministère public n'aurait pas une surveillance aussi pénible à exercer, puisque tous les ouvrages approuvés par la commission de censure volontaire ne pourraient donner lieu à aucune poursuite; nous verrions se reproduire moins souvent ces discussions judiciaires, où les droits le plus sacrés sont quelquefois mis en problème : en un mot, moins de dangers à craindre pour la société, moins de coupables à punir, tels seraient les avantages de la mesure que nous proposons.

Si quelques-unes de nos observations peuvent être utiles, elles trouveront des défenseurs dans ces chambres qui concourent avec le roi au perfectionnement de nos institutions. Quand une loi n'existe qu'en projet, éclairons-nous pour l'améliorer, s'il est possible; parce qu'il ne nous restera plus qu'à l'exécuter, quand elle sera devenue l'expression de la volonté du gouvernement.